# CONTENTS

5대양 3
유럽 4
　템스강 6
　엘베강 8
　드네프르강, 볼가강 10
　북유럽 나라들 12
　라인강 14
　다뉴브강 16
　스헬데강, 뫼즈강 18
　센강, 루아르강 20
　포강, 테베레강 22
　타호강 24
북아메리카 26
　유콘강 28
　허드슨강 30
　미주리강, 미시시피강 32
　콜로라도강 34
남아메리카 36
　아마존강 38
　파라나강, 우루과이강 40
아시아 42
　유프라테스강, 티그리스강 44
　레나강 46
　인더스강 48
　갠지스강 50
　양쯔강, 황허강 52
　메콩강 54
아프리카 56
　나일강 58
　니제르강 60
　콩고강 62
오세아니아 64
　플라이강 66
　달링강, 머리강 68
　와이카토강 70
남극 72

사람들은 드넓은 지구의 많은 곳이 알려졌다고 생각할지도 몰라요. 지구에는 아직 알려지지 않은 곳이 정말 많답니다. 깊은 바다 속에만 해도 지금까지 만나지 못한 생명체가 수십만 종이나 살아요.

멕시코 만류는 멕시코만에서부터 북극해까지 흐르는 따뜻하고 빠른 강한 해류(바닷물의 흐름)입니다.

바닷속을 흐르는 수천 개의 해류는 끊임없이 바다를 움직여요. 동시에 바다 속 소용돌이를 이루기도 한답니다.

# 크고 작은 강들

지구 곳곳에서는 크고 작은 강들을 발견할 수 있어요. 강의 물줄기들은 지구의 머나먼 구석까지도 이어져요. 구불구불하게 흐르든, 주변 지역을 힘차게 가르며 흐르든 강은 우리가 이 세상에서 살아가는 방식을 정해 줘요. 탐험가들에게는 길이 되어 주지만 군대에게는 장애물이 되기도 하고요. 마시는 물의 근원이 되기도 해요. 낚시할 때나 논밭에 물을 댈 때도 꼭 필요해요.
지구의 끌어당기는 힘인 중력 때문에 강은 바다로, 호수로, 늪으로 또 다른 강으로 흘러간답니다. 강물이 흐르는 힘으로 기계를 돌려서 에너지를 만들기도 해요. 강을 알면 오랫동안 강 주위에 살았던 사람들과 역사를 더 잘 알 수 있어요.

북극해

썰물(간조) 밀물(만조)
만조(만조) 썰물(간조)

바닷물은 하루에 두 번 높아졌다, 낮아져요. 밀물과 썰물은 달의 끌어당기는 힘과 태양 때문에 생겨요. 지구와 달, 태양이 한 줄로 나란할 때 '한사리'가 일어나요. 사리 때는 바닷물의 높이가 가장 높은 만조와 가장 낮은 간조의 차이가 가장 커진답니다. 태양과 달이 지구와 수직을 이룰 때는 만조와 간조의 차이가 가장 작아요. 이때를 '조금'이라고 해요.

유럽

아시아

태평양

북회귀선

아프리카

적도

인도양

대서양

남회귀선

## 5대양

지구에는 대양이 다섯 개나 있어요. 서로 이어져 있는 대양들은 지구 표면을 거퍼센트나 차지하는 엄청나게 많은 소금물이에요.

오세아니아

대양은 바다보다 크고 넓어요. 바다는 대륙 주위의 바닷선반(해변에서 길이 약 200미터까지의 경사가 완만한 해저)에 모인 물을 말해요. 대양은 대륙이 끝나는 곳에서 시작해요.

남극해

남극권

1908년에 출판된 케네스 그레이엄의 동화책 《버드나무에 부는 바람》의 평화로운 배경도 바로 템스강이에요.

템스강은 코츠월드 구릉지에 있는 시작점부터 옥스퍼드 시의 처웰강으로 내려와요. 강은 헨리 시와 윈저 궁전, 이튼 칼리지를 지나 런던을 통과하고 북해로 흘러가요. 테딩턴의 수문 부근에서는 밀물과 썰물이 생기는데 이 구간을 '타이드 웨이'라고 불러요. 런던에 흐르는 템스강의 수면은 사리 때 7미터까지 오르기도 해요.

기원후 43년, 로마가 영국으로 침입해 왔어요. 그 후 템스강의 북쪽 둑에 오새 론디니움을 지었답니다.

런던 브리지(런던교)

런던 항은 로마 시대부터 중요했어요. 배가 도시 안에 머물며 무역할 수 있었거든요. 세월이 지나고 육로와 철도로 물건들을 운반하자 항구는 점점 강 하구(강물이 바다로 흘러 들어가는 어귀) 쪽으로 옮겨졌어요.

1840년까지만 해도 영국에서는 되부리장다리물떼새가 사라졌다고 여겼어요. 1947년 이후로 야생에서 다시 보이기 시작했답니다.

악취섬

두나무섬

테딩턴의 수문이 닫히면 템스강은 조수의 영향을 받아요.

그리니치는 경도 0도의 선, 즉 본초 자오선에 자리 잡고 있어요. 그리니치 표준시가 바로 여기에서 측정된답니다.

세피섬

강 밑에 있는 템스 터널은 1825년에서 1843년 사이에 지어졌어요. 원래 마차 이동을 위해 지어졌지만 지금은 런던 교통망의 일부랍니다.

템스 장벽은 만조와 홍수로 생길 피해에 대비해 런던을 지키는 댐이에요. 강바닥에 묻어 설치되어서 필요할 때 열 수 있어요.

17세기부터 19세기에는 지구의 평균 기온이 낮아져 겨울이 전보다 훨씬 춥고 길어졌어요. 이때 꽁꽁 언 템스강에서 해마다 빙하 축제가 열렸답니다.

7

엘베강은 폴란드와 체코의 국경을 이루는 리젠산맥에서 시작해요. 그곳에서 작센주 근처의 에르츠산맥을 지나 북쪽 독일의 평야 너머로 흐른답니다. 강물은 흐르고 흘러 함부르크 근처의 부채꼴 모양 강어귀를 통해 북해로 빠져나가요. 엘베강의 $\frac{1}{3}$은 체코를, 나머지 $\frac{2}{3}$는 독일을 지나가요. 이 강은 자연스럽게 유럽의 국경선 역할을 했어요. 중세 초기에는 샤를마뉴 제국의 동쪽 경계선이었고요. 2차 세계 대전 이후로는 동독과 서독을 구분하는 기준이기도 했어요.

독일의 전설에 산신령 뤼베잘 할아버지가 엘베강의 근원지인 리젠산맥을 다스렸대요.

라인강에는 13세기부터 물건을 실어 나르는 배가 지나다녔어요. 그 당시에는 돛대가 두 개인 작은 어선으로 화물 250톤을 운반했지요. 오늘날 라인강을 지나다니는 화물선은 길이가 무려 130미터예요. 그때보다 열 배나 무거운 짐을 실을 수 있답니다.

라인강은 로마 시대부터 지금까지 없어서는 안 될 중요한 무역로예요. 다뉴브강(도나우강)이나 론강 같은 주요 강들과도 운하로 이어져 있어요. 스위스 알프스산맥에서 시작하는 이 강은 프랑스와 독일의 여러 계곡과 골짜기, 대초원을 지나 네덜란드까지 이르러 북해로 빠져나가요. 라인강은 네덜란드를 지나며 물줄기가 셋으로 갈라져요. 그곳에 강들과 운하가 서로 복잡하게 엮인, 유럽에서 가장 큰 삼각주가 만들어진답니다.

1960년대의 라인강은 수질 오염이 너무 심각해서 생물이 거의 살지 못했답니다. 이제는 연어가 다시 돌아올 정도로 물이 깨끗해졌어요.

로렐라이는 라인강 주위에 있는 절벽 바위예요. 요정이 노래를 불러 지나가는 선원들을 유혹하고 배를 바위에 부딪치게 했대요.

유럽 최대의 맹조인 수염수리는 주로 죽은 동물을 먹고 살아요. 먹기에 너무 큰 뼈는 높은 곳에서 떨어뜨려 부러뜨려 먹는답니다.

리하르트 바그너의 오페라 <라인의 황금>에 강의 신 라인의 딸인 요정들이 나와요. 요정들은 강의 황금을 지킨답니다.

15

**다뉴브강**은 볼가강 다음으로 유럽에서 가장 길어요. 독일의 슈바르츠발트에서 시작한 강은 남동쪽으로 흘러 흑해로 빠져나가요. 독일부터 오스트리아·슬로바키아·헝가리·크로아티아·세르비아·루마니아·불가리아·몰도바·우크라이나에 이르기까지 나라를 열 개나 가로지른답니다. 이 강은 유럽의 중앙과 남동쪽 나라들이 생기고 발전하는 데 아주 결정적인 역할을 했어요. 강 주변으로 많은 성과 요새가 세워졌어요. 다뉴브강은 거대한 왕국과 문화 사이의 경계이면서 중요한 무역로이기도 했고요. 특히 오스트리아의 빈이나 헝가리의 부다페스트, 세르비아의 베오그라드 같은 수도들이 이 강 덕분에 경제가 성장했어요. 다뉴브강은 21세기에도 중요한 무역의 중심선이에요.

미국

모하비 사막의 원주민들은 창조신 마스트모의 아들이 콜로라도강을 만들었다고 믿는답니다.

미국의 도시 덴버는 지면이 해수면보다 딱 1마일(약 1,600m) 높아요. 그래서 가끔 '원 마일 시티'라고도 불린대요.

콜로라도강

레이크솔트호

파월호

로키산맥

호스슈벤드는 콜래캐니언 하류 쪽 강이 말굽 모양으로 구부러져 흐르는 구간이에요.

메사버드 국립 공원에는 6000여 개의 절벽을 깎아 만든 집과 4,300개 이상의 가치 있는 고고학 유적지가 있어요. 이 지역은 1,400년 전에 푸에블로족이 정착했던 곳이에요.

1947년, UFO가 뉴멕시코의 로즈웰 근처에 추락했다는 이야기가 있어요.

**콜로라도강**은 콜로라도주의 드높은 로키산맥에서 시작해요. 유타주와 애리조나주, 네바다주와 캘리포니아주를 통과해 미국과 멕시코의 국경선을 따라 흘러 캘리포니아만으로 빠져나가요. 콜로라도강의 물은 농업용수나 식수로 쓰여서 바다에 닿는 물이 거의 없답니다.

일자리를 구하려는 사람들이 리오그란데강을 건너서 멕시코의 국경을 넘어 미국으로 왔어요.

멕시코

심해아귀는 깜깜한 바다에 살아요. 암컷보다 작고 약한 수컷들은 후각을 사용하여 암컷을 찾아 나서지요. 암컷을 발견하면 입으로 깨물어서 암컷 몸에 달라붙어요. 수컷은 피로 연결된 암컷의 몸에서 기생충처럼 평생 살아간답니다.

암컷 심해아귀는 어둠 속에서도 빛나는 박테리아 램프로 먹이를 유인해요.

1835년, 찰스 다윈이 갈라파고스 제도에서 조사한 내용은 생물의 진화론 발전에 큰 도움이 되었어요.

풍선장어는 자기 몸보다 더 큰 먹이도 삼켜요. 이 물고기는 1,000~4,000미터나 되는 깊은 바다 속에 살아요.

생김새가 특이한 배럴아이는 배에서 빛을 내뿜어요. 빛을 받은 수면의 위쪽은 잘 보이지 않아서 자기보다 아래에 있는 포식자들에게 들키지 않는답니다.

바운티호의 반란군들은 핏케언섬에 가서 살았어요.

이스터섬은 사람 모양의 커다란 모아이 석상으로 유명합니다.

멕시코
과테말라
엘살바도르

# 남태평양

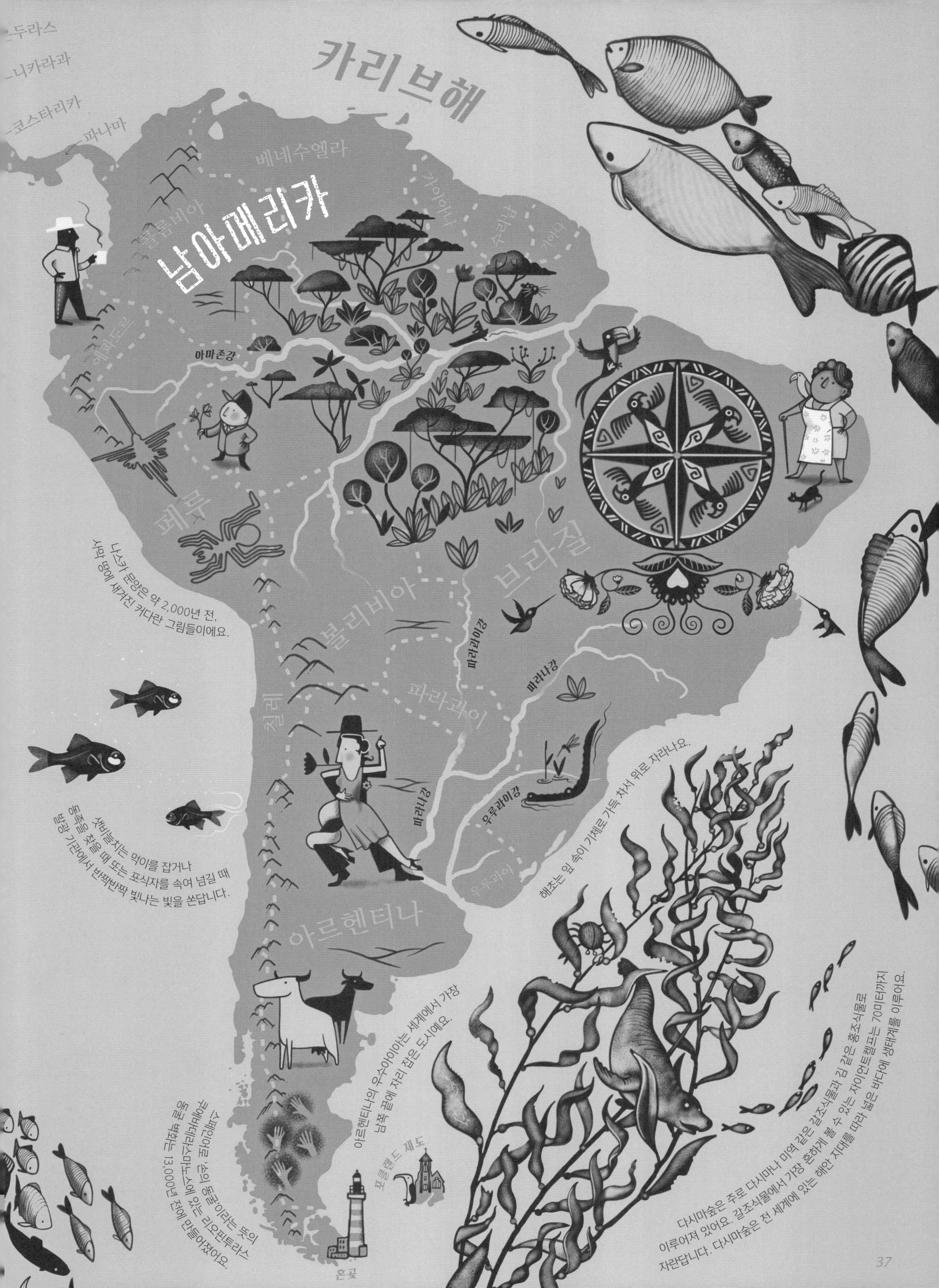

브라질의 수도 브라질리아는 1950년대에 나라 발전을 위해 세워졌어요.

아메리카 대륙을 통틀어 가장 큰 도시인 상파울루에는 1,200만 명 이상이 살고 있어요.

리우카니발이루 카니발은 5일 동안 열려요. 해마다 축제를 이끌어 갈 모모 왕이 새로 뽑힙니다.

암컷 해마는 수컷의 새끼주머니에 알을 낳아요. 수컷 해마가 이 새끼주머니에 알을 담고 있다가 네 마리씩 부화시킨답니다.

미훅점상어는 커다란 고래상어의 몸에 찰싹 붙어요. 자기 몸을 비벼 피부에 있는 기생충들을 떨어뜨려요.

남대서양

고깔해파리는 독성이 매우 강해요. 이 해파리를 처음 발견한 탐험가들은 위풍당당한 포르투갈의 군함'이라고 불렀어요. 고깔해파리는 하나의 생물이 아니라 각각 고유한 기능을 가진 여러 개충이 모여 몸을 조직하고 살아가는 관해파리 종류에 속한답니다.

파라나강은 남아메리카에서 아마존강 다음으로 길어요. 브라질 중부 지방의 파라나이바강과 리오그란데강이 합쳐지는 지점에서 강이 시작하지요. 거기에서부터 남쪽으로 흘러 파라과이강과 만난 다음 우루과이강과도 합류하여 대서양으로 흘러 나가요. 면적이 약 280만 제곱킬로미터에 이르는 파라나강 유역은 브라질과 파라과이, 볼리비아와 아르헨티나의 일부 지역들을 포함해요. 파라나강과 우루과이강이 만나 대서양 입구에 폭 220킬로미터의 커다란 하구를 이루어요. 그곳에 라플라타강이 있답니다.

티그리스강과 유프라테스강은 터키의 토로스산맥에 시작점이 있어요. 토로스산맥은 폭풍이 거세고 천둥이 자주 치는 지역이에요. 시리아 신전에 가면 폭풍의 신이 황소로 표현돼요. 토로스산맥의 이름(토로스는 라틴어로 '황소')도 여기에서 왔답니다.

쿠파는 티그리스강과 유프라테스강에서 쓰이던 동그란 모양의 전통 배랍니다. 이 배는 버드나무 가지와 동물 가죽으로 만들어요.

다양한 민족이 모이는 이라크의 도시 모술은 전략적으로 중요한 곳이었어요. 이곳에서 수 세기 동안 전쟁과 파괴가 끊이지 않았답니다.

티그리스강과 유프라테스강에서만 서식하는 망가르는 최대 2미터까지 자랄 수 있어요.

시리아

유프라테스강

아시리아 전차

하나둘 모여 **티그리스강**을 이루는 물줄기들은 터키 동부에 있는 토로스산맥에서 시작해요. 티그리스강은 남동쪽으로 흘러내리며 시리아의 국경을 지나고 이라크를 통과해요. 서남아시아에서 가장 긴 **유프라테스강**도 티그리스강 서쪽에서 같은 방향으로 흘러요. 두 강은 이라크 남부의 항구 도시 바스라 근처 습지에서 합류하지요. 두 강이 만나 이룬 샤트알아랍강은 페르시아만으로 흘러 나가요. 티그리스강과 유프라테스강 사이의 비옥한 곳에 메소포타미아 문명이 생겼답니다. 강물이 넘쳐흘러 나온 모래진흙은 이 지역의 땅을 아주 기름지게 해 주었어요.

사우디아라비아

그리스 신화에 나오는 대양의 신 오케아노스와 하천과 바다의 여신 테티스는 자식을 6,000명이나 낳았어요. 딸 3,000명은 바다와 호수를, 아들 3,000명은 강을 다스렸답니다. 유프라테스강의 신은 이름이…… '유프라테스'예요!

바렌츠해

대구

카라해

'우는토끼'라고도 하는 새앙토끼는 겨울 양식으로 커다란 건초 더미를 만들어 놓는답니다.

시베리아의 북부 유목민들은 여전히 순록을 기르고 낚시와 사냥을 하며 살아가요.

예니세이강

소련의 강제 수용소에서 수백만 명이 목숨을 잃었어요. 굴라크(소련의 강제 수용소 이름)에 갇힌 사람들은 광산이나 공장에서 일했어요. 황폐하고 외딴곳에 있던 수용소들의 노동 환경은 너무나 끔찍했답니다.

사하는 러시아에서 가장 넓은 지역이에요. 해마다 여름이 오면 사하 축제가 열린답니다. 사하의 야쿠트족 사람들은 태양을 환영하고 전통 춤 오후카이를 추며 말의 젖을 발효한 쿠미스를 마셔요.

철새들은 겨울이면 번식지와 추운 지역을 떠나 남쪽에서 지내요.

작지만 튼튼한 야쿠트 말은 눈이 두껍게 쌓여 있어도 그 아래에서 풀을 찾아내고 영하 45도의 추운 날씨도 견뎌요.

러시아의 시베리아 동쪽에는 기다란 레나강이 있어요. 바이칼호에서 북쪽으로 흘러가 레나 삼각주를 통과하여 북극해의 일부인 랍테프해로 빠져나가요. 레나강은 대부분 눈이나 빙하가 녹은 물과 비로 이루어져 있어요. 강이 얼어붙는 겨울에는 거의 흐르지 않는답니다. 여름에는 녹은 눈이 바다로 흘러서 홍수가 날 때도 많아요. '레나'라는 이름은 '커다란 강'이라는 뜻이에요. 시베리아 서쪽에서 흐르는 오비강은 북극해를 향해 흐르며 300만 제곱킬로미터 가까이 되는 지역에 물을 줘요. 세계에서 일곱 번째로 긴 이 강은 1916년에 시베리아 횡단 철도가 완공되기 전까지 중요한 교통로였어요.

카자흐스탄

만도카 폭포는 파키스탄의 도시 스카르두에 있어요.

폭포는 대부분 단단한 암석에서 무른 암석으로 물이 떨어지는 곳에 생긴답니다. 밑에 있는 무른 암석이 깎이며 높이에 차이가 천천히 만들어져요. 물론 지각 변동이나 화산 활동으로도 빠르게 만들어질 수 있어요.

서로 다른 종교의 순례자들은 카일라스산 주위를 함께 걷기도 해요.

인더스강의 발원지인 카일라스산은 불교와 힌두교 순례자들에게 중요한 장소예요. 이 산의 꼭대기가 힌두교의 시바 신과 아내인 파르바티 여신의 고향이기 때문이에요. 또 불교에서 귀히 모시는 차크라삼바라(승낙금강)도 있어서랍니다.

인더스강은 티베트의 히말라야산맥에서 시작해 깊은 골짜기를 지나 산맥을 넘고 인더스 평야를 가로질러 흘러요. 인더스강에서 갈라진 젤룸강·체나브강·라비강·베아스강·수틀레지강과 히말라야의 눈 녹은 물이 펀자브주에서 모여 인더스강의 크기가 엄청나게 커진답니다. 강은 계속 흘러 신드주와 인더스 삼각주를 지나 아라비아해에 다다라요.

베트남 전쟁(1955~1975년) 당시 메콩강 삼각주에서 격렬한 전투가 벌어졌어요. 미국과 여러 나라가 지원하는 베트남 남쪽, 소련과 중국이 돕는 베트남 북쪽이 벌이는 싸움이었지요.

바다에서만 사는 불가사리는 몸 안에 뼈가 있어요. 대부분 팔이 다섯 개이지만 그 이상인 종도 있어요. 어쩌다 팔 하나를 잃어도 잘린 곳에서 새 팔이 자란답니다.

대만

동중국해

**메콩강**은 두 부분으로 나뉘어요. 티베트와 중국을 흐르는 상류 지역과 중국의 윈난성에서 남중국해까지 이르는 하류 지역으로요. 동남아시아에서 가장 긴 메콩강은 중국·라오스·태국·캄보디아·베트남을 지나며 흘러요. 강은 티베트의 히말라야산맥에서 시작하여 빠르게 내려오다가 점점 폭이 넓어지면서 물이 흐르는 소리도 조용해져요. 또 라오스와 미얀마 사이에서 국경 역할을 해 주고 라오스와 태국 사이의 국경도 지나며 내려간답니다. 그리고 캄보디아의 수도 프놈펜 근처에서 톤레사프 호수와 만나고요. 거기에서부터 베트남 남부를 지나 커다란 삼각주를 거쳐 호찌민의 남부 해안에 도착해요.

베트남 남쪽의 메콩 삼각주는 면적이 39,000제곱킬로미터예요. 기름진 이곳의 삼각주는 베트남을 세계 최대의 쌀 생산국으로 만들어 주는 곳이기도 하답니다.

남중국해

필리핀

밤이면 파랑비늘돔은 기생충에게서 몸을 보호하고 포식자들이 냄새를 맡지 못하게 하려고 몸 주위에 끈끈한 보호막을 만들어요.

메콩 삼각주의 물 위에서는 물건을 사고파는 수상 시장이 많이 열리기도 해요.

해삼은 느림보 무척추동물이에요. 작은 종도 있고 3미터까지 자라는 종도 있어요. 어떤 해삼은 팔이나 뱉어서 포식자를 방해하려고 끈끈한 실을 내뿜기도 해요.

모리타니(마우레타니아)

투아레그족은 수 세기 동안 사하라 사막에 사는 베르베르족의 유목민들이에요. 전통적으로 남자들은 베일로 얼굴을 가리지만 여자들은 가리지 않아요.

낙타는 '사막을 건너는 배'라고 해요.

세네갈

기니

나이저강은 기니의 도시 템바코운다 근처의 고원에서 시작해요.

시에라리온

해마다 우기 때 흘러넘친 나이저강의 진흙은 주위의 땅을 기름지게 해 줘요. 그렇게 만들어진 내륙 삼각주는 어마어마하게 넓은 새들의 번식지이면서 농업과 어업에도 중요한 지역이에요.

부르키나파소

서아프리카매너티는 해안 지역이나 강, 호수에 살아요. '바다소'라고도 하는 매너티는 인어로 오해를 받기도 했어요.

표범의 반점은 장미꽃 모양이라 '로제트'라고 해요.

나이저강은 기니에서 시작해 말리에 들어서서는 큰 원을 그리듯 돌며 흘러요. 오래된 도시 팀북투 근처에 있는 강의 북쪽 꼭대기 지점에서는 사하라 사막과 나란히 흘러가지요. 그런 다음 남동쪽으로 꺾여 니제르로 들어가고 남쪽으로 계속 흐르다가 나이지리아의 항구 도시 포트하커트 서쪽에서 기니만으로 빠져요. 흐르는 강이 그리는 독특한 초승달 모양 곡선은 이 강이 원래 두 개의 강이었음을 알려 준답니다.

라이베리아

코트디부아르

기니만

고양이 고래

유럽의 탐험가가 나뭇가지를 한 짐 진 할아버지에게 가장 가까운 마을의 이름을 물어봤어요. 탐험가의 말을 알아듣지 못한 할아버지는 겁에 질려 소리쳤어요. "민 찬 음비쟝!(나뭇잎만 조금 주웠을 뿐이라오!)" 항구 도시 아비장의 이름은 여기에서 유래했다는 소문이 있어요.

60

콩고강은 네 부분으로 이루어져 있어요. 첫 번째 부분은 강의 시작점인 루알라바강부터 키상가니까지인 상류예요. 거기에서부터 킨샤사까지가 중류인 두 번째 부분이에요. 강의 하류인 킨샤사에서 마타디까지는 세 번째 부분이고요. 여기에서 수력 발전으로 콩고 민주 공화국의 모든 전기를 만들어요. 마지막으로 대서양의 바닷물 아래로 해류가 흐르는 구간이 네 번째 부분이에요. 세계에서 가장 깊은 콩고강은 중앙아프리카의 중요한 운송 연결로예요. 하지만 하류에 있는 리빙스턴 폭포 때문에 항해용 선박은 강으로 들어올 수 없답니다.

'강물을 막는 자' 모켈레 음벰베 이야기가 수백 년 전부터 전설처럼 내려오고 있어요. 아프리카의 피그미족에도 급이진 강에 사는 커다란 괴물 이야기가 전해지고 있어요. 괴물의 목격담은 전 세계 탐험가들의 상상력을 자극했어요.

콩고

콩고강은 세계에서 두 번째로 긴 강이에요. 적도를 두 번이나 지나요.

콩고강

가봉

킨샤사는 콩고 민주 공화국의 수도예요. 강 바로 맞은편에는 콩고의 수도 브라자빌이 있습니다.

콩고 민주 공화국

15세기, 포르투갈의 항해사 디오고 카웅은 탐험하다가 민물로 바뀌는 바닷물을 보고 콩고강 하구를 우연히 발견했어요.

마타디와 보마는 콩고강에 있는 중요한 항구 도시예요. 리빙스턴 폭포와 급한 물살이 도시 위로 이어져서 배가 콩고강의 긴 구간을 지나다닐 수 없어요. 그래서 마타디와 킨샤사 사이에는 32개의 폭포를 돌아서 가는 철도가 있습니다.

앙골라

62

# 오세아니아

무척추동물인 문어는 재주가 많아요. 좁은 구멍으로 몸을 통과시키거나 물 밖에서도 살 수 있고 먹물을 뿜기도 해요. 피부 무늬나 색도 바꿀 수 있답니다.

폴리네시아 전설에는 물에 빠져 죽은 사람의 넋을 옮기는 영혼의 배가 자주 등장해요.

앵무조개는 수억 년 동안 변화가 거의 없이 살아 있는 화석이랍니다. 껍데기의 칸막이 공간을 가스나 물로 채워 몸이 뜨거나 가라앉도록 조절하는 데 써요.

**태평양**

**태즈먼해**
뉴질랜드
위아카도쿠

향유고래는 대체로 무리를 지어 먹는답니다. 미국 작가 허먼 멜빌의 소설 «모비 딕»에는 주로 대왕오징어나 다른 오징어를 사냥하는 자신의 다리를 앗아간 거대한 향유고래를 잡으려고 집착하는 선장 에이해브가 등장해요.

2007년, 로스해에서 남극하트지느러미오징어 중 더 큰 이 오징어는 오징어 종류에서 가장 커요. 다리에 강력한 발톱과 빨판이 달린 '공격적인 포식자'라고도 알려져 있어요.

적어도 40,000년 전부터 뉴기니섬에 사람이 살았어요. 1,000개가 넘는 원주민 부족은 대부분 고유한 언어를 써요. 그 가운데 약 44개 부족은 서구 세계와 접해 본 적도 없답니다.

고고학 연구에서는 파푸아뉴기니에서 6,300년 동안 바나나를 재배했다고 밝혔어요.

플라이강

인도네시아

파푸아뉴기니

멧돼지

19세기 말, 이탈리아의 자연 연구가이자 탐험가 루이지 달베르티스는 '탐험'이라는 이름으로 플라이강을 점령했어요. 같은 시대의 탐험가들과 관리들 모두 그의 탐험 방식을 비판했답니다.

플라이강은 구불구불 흘러요. 강물이 방향을 틀 때 바깥쪽 물의 흐름이 빨라서 땅이 깎이고, 흐름이 느린 안쪽에 퇴적물이 쌓여요. 이 과정을 거듭해 굽이굽이 계속 넘어지면 곡류천이 생겨요. 곡류를 뜻하는 영어 단어(Meander)는 터키의 메안더강(멘데레스강)에서 이름을 따 왔어요.

물총고기는 동남아시아에 살아요. 먹잇감에 물총을 쏙 쏘아서 잡아먹는답니다.

굿펠로우나무타기캥거루는 10미터 높이의 나무에서도 안전하게 뛰어내릴 수 있어요.

뉴기니주머니고양이는 한 번에 30마리까지 새끼를 밸 수 있지만, 그중에서 딱 여섯 마리만 키운답니다. 주머니 안에 있는 젖꼭지 수에 맞춰서요.

날고 있는 날다람쥐

파푸아코뿔소는 우는 소리가 웃음처럼 들려요.

댐이 없는 강 중에서는 **플라이강**이 가장 길어요. 이 강은 한 해 동안 내리는 비의 양이 매우 많은 지역을 지나기 때문에 오세아니아에서 강물이 가장 많아요. 플라이강은 파푸아뉴기니의 스타산맥에서 시작해요. 강의 상류는 눈앞이 거의 보이지 않을 정도로 빽빽한 열대 우림을 통과하며 흘러요. 그리고 삼각주를 지나 맹그로브로 뒤덮인 드넓은 하구를 통해 파푸아만과 산호해로 흘러 들어간답니다. 1845년, 유럽 사람 가운데 가장 먼저 이곳에 도착한 영국의 해군 장교 프란시스 블랙우드가 자신의 배 이름을 따서 '플라이강'이라고 지었대요.

바다거북은 바다에서 짝짓기를 해요. 그 후 암컷이 해변에 깊은 구덩이를 파고 알을 낳는답니다. 알을 깨고 나온 새끼 거북들은 바다로 돌진해요. 정말 위험천만한 여정이지요.

지구 온난화는 암컷 바다거북들이 새끼를 낳는 데 지장을 줘요. 더 나아가 바다거북의 생존을 위험하기도 한답니다.

산호는 아주 작은 개체들이 몸을 이루어 살아요. 연산호(단단한 석회 뼈가 없는 산호 종류)는 유연해서 식물처럼 보이기도 해요. 석산호(단단한 석회 뼈가 있는 산호 종류)는 산호 밭과 산호초를 이뤄요. 호주의 동쪽 해안을 따라 있는 그레이트배리어리프(대보초)는 세계 최대의 산호초 집단이랍니다.

**파푸아만**

북 섬에 흐르는 **와이카토강**은 뉴질랜드에서 가장 길어요. 시작점은 통가리로 국립 공원에 있는 루아페후산의 경사지예요. 이곳은 통가리로강과 만나는 지점이기도 해요. 북서쪽으로 흐르는 와이카토강은 타우포호와 후카 폭포를 지나 태즈먼해로 빠져나가요. 강 주변에 살았던 마오리족 그중에서도 특히 타이누이족과 몇몇 부족에게 와이카토강은 정신적·물리적으로 아주 중요했답니다.

'와카아이'라고도 불리는 화이트섬은 바다 위의 활화산이에요.

폴리네시아의 항해자들은 수천 년에 걸쳐 남태평양 지역을 대부분 발견했어요. 그들은 태양과 별, 해류와 파도의 위치, 새들의 이동과 물의 온도, 작대 항해도와 선조들의 이야기 등으로 바다 위에서도 위치를 알 수 있었어요. 난파에 대비한 그들의 생존 방법들은 오늘날에도 여전히 전해지고 있답니다.

마오리족 신화에는 물속이나 캄캄한 동굴 속에 사는 신성한 물물 타니화가 등장해요. 타니화는 상상의 동물이라 여러 모양으로 연상돼지요. 이를테면 커다란 상어나 커다란 도마뱀처럼요.

**플렌티만**

쇠푸른펭귄은 바닷물에서 섭취한 많은 염분을 콧구멍에 있는 소금 분비샘으로 내뿜어요.

'하카'는 마오리족의 전통 춤이에요.

뉴질랜드 사람들을 부를 때 날지 못하는 뉴질랜드 토종 새의 이름을 따서 종종 '키위'라고도 해요. 수컷 키위는 짝짓기 철에 "키위." 하며 운답니다.

**뉴질랜드**

세상에서 가장 빠른 상어 청상아리는 초당 18.8미터를 헤엄칠 수 있어요. 이 상어는 물 밖으로 높이 뛰어오를 수도 있답니다.

**호크만**

### 지은이 피터 고즈

벨기에 출신의 일러스트레이터 피터 고즈는 벨기에 KASK 예술 학교에서 애니메이션을 공부했습니다. 졸업 후 극장에서 무대 감독으로 일하다가, 어린이 책에 흥미를 느껴 6년 전부터 다시 그림을 그렸습니다. 일이 없는 날에도 끊임없이 무언가를 그리며 그림·페인팅·조각·그래픽 등 다양한 미술 분야에서 폭넓게 작품 활동을 하고 있습니다. 우리나라에 소개된 작가의 책으로는 《핑이랑 펑키랑》, 《타임라인 세계사》 등이 있습니다.

www.petergoes.com
www.facebook.com/petergoesillustrator
www.instagram.com/goes_peter

### 옮긴이 김현주

사랑하는 사람들과 좋아하는 책으로 소통하려고 번역을 시작했습니다. 서울신학대학교 신학과를 졸업하고 바른번역 글밥아카데미를 수료하였습니다. 지금은 바른번역 소속 번역가로 활동하고 있습니다.
• 옮긴 책 : 《걱정하지 않는 엄마》, 《멈추고 정리》 외 다수

© 2018, Lannoo Publishers. For the original edition.
Original Title: Rivieren. Translated from the Dutch language
www.lannoo.com
All rights reserved

No part of this book may be used or reproduced in any manner whatever without written permission, except in the case of brief quotations embodied in critical articles or reviews.

© 2019, Bornnamu Publishers, an imprint of Hansmedia Inc. For the Korean edition Published by arrangement with Lannoo Publishers, through BC Agency, Seoul.

• 이 책의 한국어판 저작권은 BC 에이전시를 통한 저작권자와 독점 계약으로 봄나무에 있습니다.
• 신 저작권법에 의해 한국 내에서 보호를 받는 저작물이므로 무단 전재와 무단 복제를 금합니다.

세계의 문화와 역사가 흐르는 생명의 강 이야기
# Rivers

피터 고즈 지음 | 김현주 옮김

2019년 10월 22일 초판 발행

**펴낸이** 김기옥  **펴낸곳** 봄나무  **아동 본부장** 박재성
**편집** 한수정  **디자인** 나은민  **영업** 김선주, 서지옥  **제작** 김형식  **지원** 고광현, 임민진
**등록** 제313-2004-50호(2004년 2월 25일)  **주소** 121-839 서울시 마포구 양화로 11길 13(서교동, 강원빌딩 5층)
**전화** 02-325-6694  **팩스** 02-707-0198  **이메일** info@hansmedia.com

**도서주문** 한즈미디어(주)
**주소** 121-839 서울시 마포구 양화로 11길 13(서교동, 강원빌딩 5층)  **전화** 02-707-0337  **팩스** 02-707-0198
ISBN 979-11-5613-133-5 73900

• 이 책 내용의 일부 또는 전부를 재사용하려면 반드시 저작권자와 봄나무 양측의 동의를 얻어야 합니다.
• 책값은 뒤표지에 나와 있습니다.
• 이 도서의 국립중앙도서관 출판예정도서목록(CIP)은 서지정보유통지원시스템 홈페이지(http://seoji.nl.go.kr)와 국가자료종합목록 구축시스템(http://kolis-net.nl.go.kr)에서 이용하실 수 있습니다. (CIP제어번호 : CIP2019036677)
• 사전에 등재되지 않은 강과 지역 및 사물의 이름은 친숙한 표기법으로 기재하였습니다.